AF234935

Impressum
Verlag: BABADADA GmbH, Nedderfeld 112 , 22529 Hamburg
Geschäftsführer / Verlagsleitung: Harald Hof
Druck: Books on Demand GmbH, In de Tarpen 42, 22848 Norderstedt

Imprint
Publisher: BABADADA GmbH, Nedderfeld 112 , 22529 Hamburg, Germany
Managing Director / Publishing direction: Harald Hof
Print: Books on Demand GmbH, In de Tarpen 42, 22848 Norderstedt

1

la escuela

escola

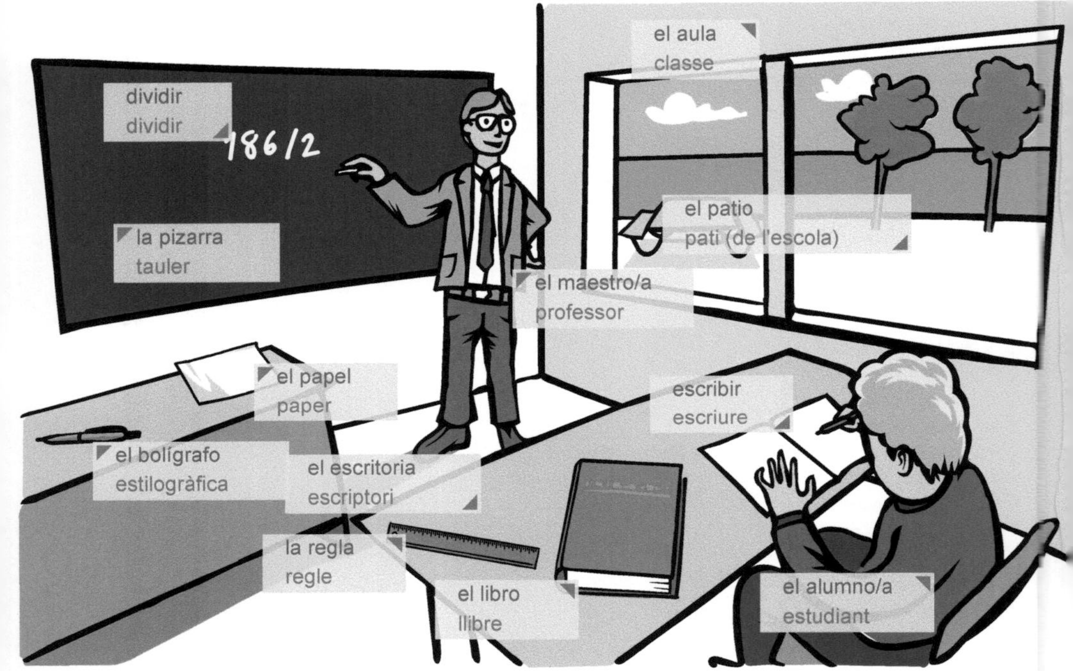

el aula
classe
dividir
dividir
186/2
la pizarra
tauler
el patio
pati (de l'escola)
el maestro/a
professor
el papel
paper
escribir
escriure
el bolígrafo
estilogràfica
el escritoria
escriptori
la regla
regle
el libro
llibre
el alumno/a
estudiant

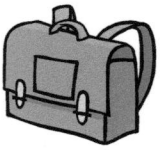

la cartera

bossa

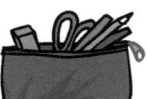

la caja de lápices

estoig

el lápiz

llapis

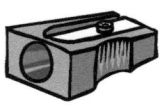

el sacapuntas

maquineta de fer punta

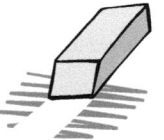

la goma de borrar

goma

el cuaderno de dibujo

bloc de dibuix

el dibujo

dibuix

el pincel

pinzell

la caja de pinturas

capsa de pinturas

las tijeras

tisores

el pegamento

cola

el cuaderno de ejercicios

quadern d'exercicis

los deberes

deures

12

el número

nombre

2+2

sumar

afegir

5-2

restar

sostreure

2×2

multiplicar

multiplicar

calcular

calcular

A

la letra

lletra

ABCDEFG
HIJKLMN
OPQRSTU
VWXYZ

el alfabeto

alfabet

hello

la palabra

mot

el texto

text

leer

llegir

la tiza

guix

la lección

lliçó

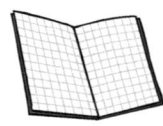

el cuaderno de notas

llibre de classe

el examen

examen

el certificado

certificat

el uniforme

uniforme escolar

la educación

formació

la enciclopedia

enciclopèdia

la universidad

universitat

el microscopio

microscopi

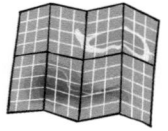

el mapa

mapa

la papelera

paperera

el viaje
viatge

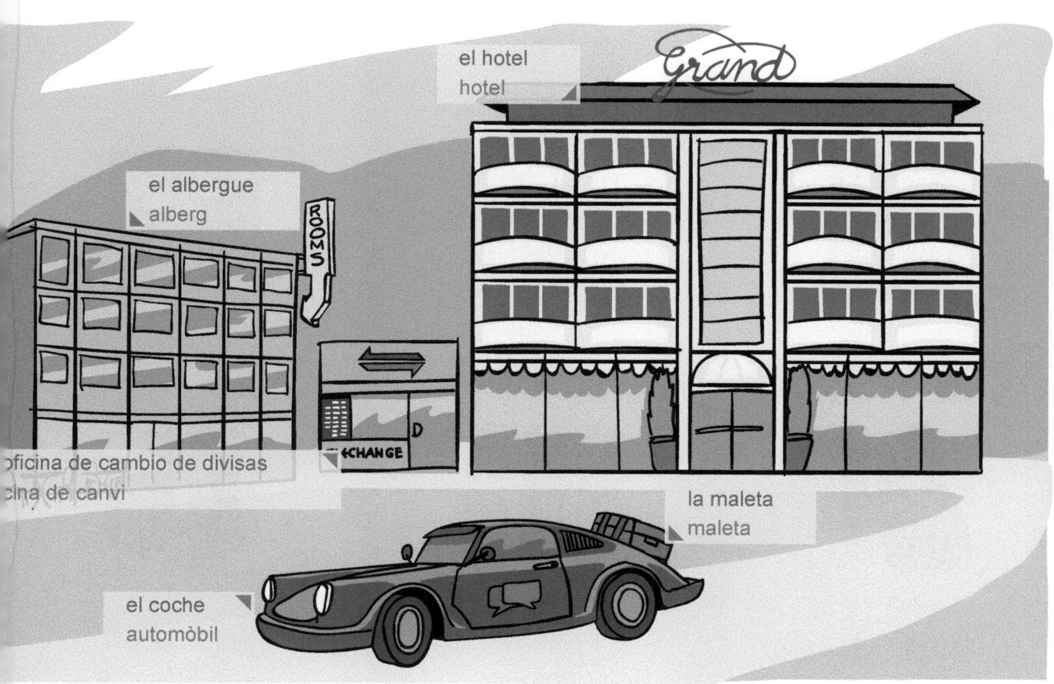

el hotel
hotel
Grand
el albergue
alberg
ROOMS
EXCHANGE
ficina de cambio de divisas
cina de canvi
la maleta
maleta
el coche
automòbil

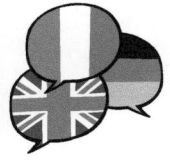

el idioma

llengua

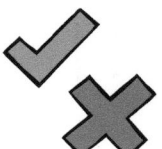

sí / no

sí / no

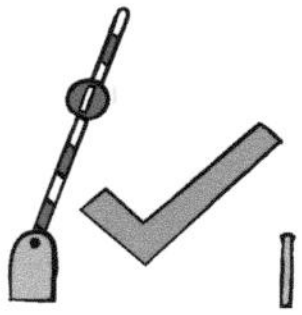

Vale

D'acord

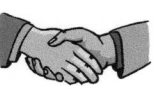

hola

Ey!

el traductor

traductora

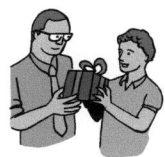

Gracias

gràcies

¿cuánto es…?

Quant costa… ?

No entiendo

No entenc

el problema

problema

¡Buenas tardes!

Bona nit!

¡Buenos días!

bon dia!

¡Buenas noches!

bona nit!

adiós

fins aviat

la dirección

direcció

el equipaje

bagatge

la bolsa

bossa

la mochila

sarrona

el invitado

convidat

la habitación

cambra

el saco de dormir

sac de dormir

la tienda de campaña

tenda

la información turística

oficina de turisme

la playa

platja

la tarjeta de crédito

carta de crèdit

el desayuno

esmorzar

el almuerzo

dinar

la cena

sopar

el billete

bitllet

el ascensor

ascensor

el sello

segell

la frontera

frontera

la aduana

duana

la embajada

ambaixada

la visa

visat

el pasaporte

passaport

el transporte
transport

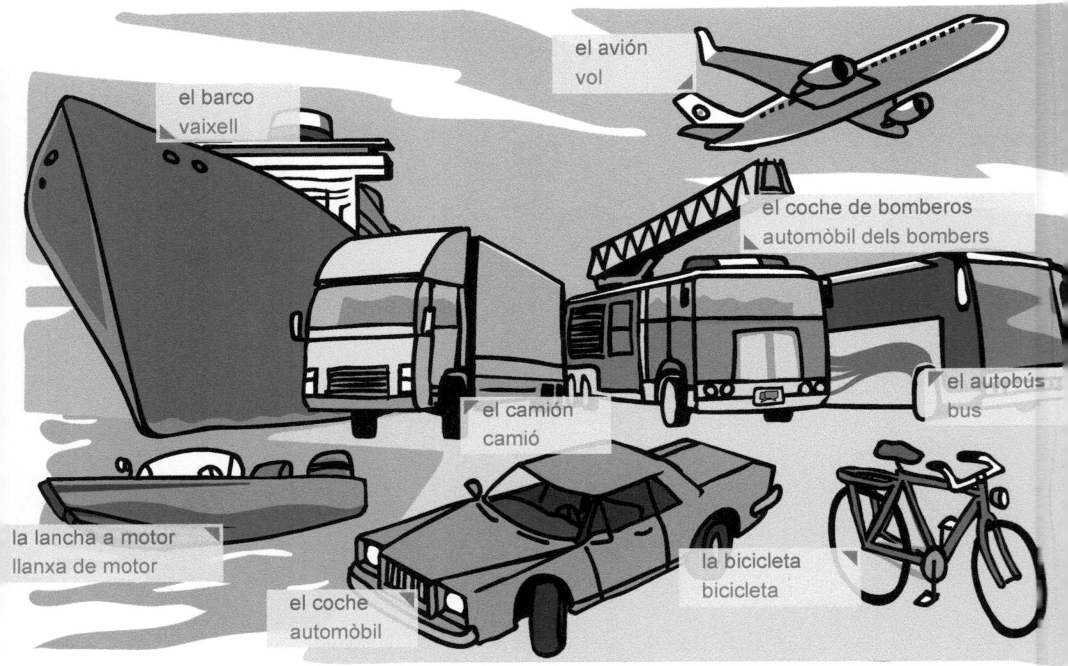

el avión
vol

el barco
vaixell

el coche de bomberos
automòbil dels bombers

el camión
camió

el autobús
bus

la lancha a motor
llanxa de motor

la bicicleta
bicicleta

el coche
automòbil

el transbordador
transbordador

la barca
barca

la moto
moto

el coche de policía
automòbil de policia

el coche de carreras
automòbil de curses

el coche de alquiler
automòbil de lloguer

el préstamo de vehículos

vehicle compartit

la grúa

grua

el camión de la basura

camió de les escombraries

el motor

motor

la gasolina

benzina

la gasolinera

benzineria

la señal de tráfico

senyal de trànsit

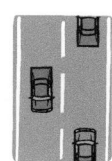

el tráfico

trànsit

el atasco

embús

el aparcamiento

aparcament

la estación de tren

estació de trens

las vías

vies

el tren

tren

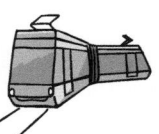

el tranvía

tramvia

el vagón

vagó

el helicóptero

helicòpter

el aeropuerto

aeroport

la torre

torre

el pasajero

passatger

el contenedor

contenidor

la caja de cartón

capsa de cartó

la carretilla

carretó

la cesta

cistella

despegar / aterrizar

enlairar-se / aterrar

la ciudad

ciutat

el pueblo

poble

el centro de la ciudad

centre de la ciutat

la casa

casa

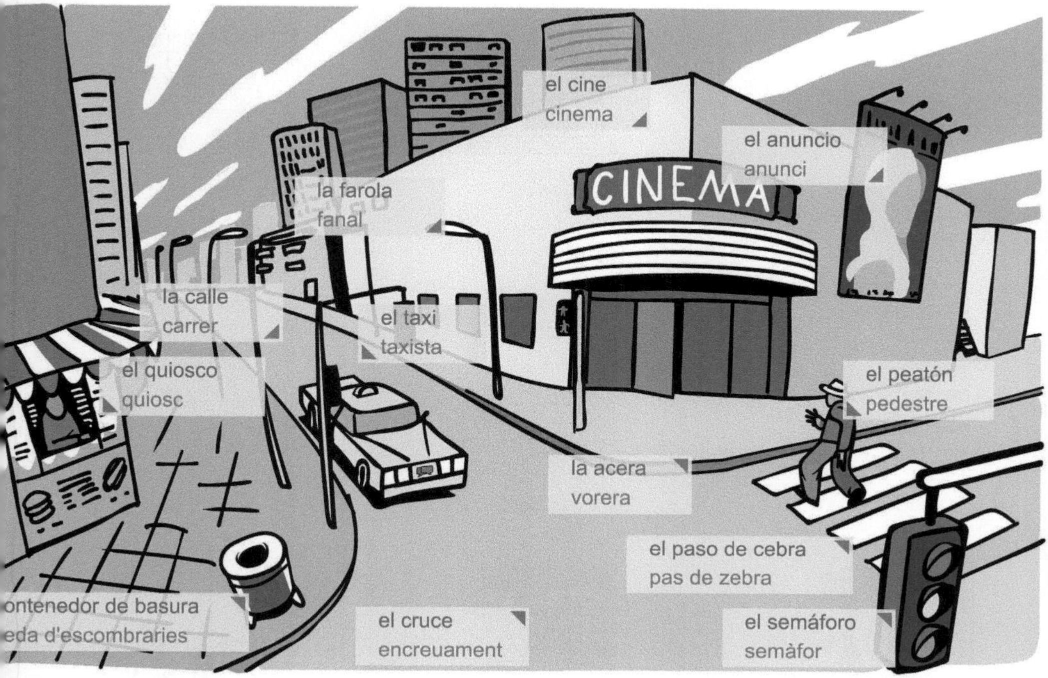

el cine
cinema

el anuncio
anunci

la farola
fanal

CINEMA

la calle
carrer

el taxi
taxista

el quiosco
quiosc

el peatón
pedestre

la acera
vorera

el paso de cebra
pas de zebra

ontenedor de basura
eda d'escombraries

el cruce
encreuament

el semáforo
semàfor

la cabaña

cabana

el apartamento

apartament

la estación de tren

estació de trens

el ayuntamiento

casa de la vila-ciutat

el museo

museu

la escuela

escola

la ciudad - ciutat

11

la universidad

universitat

el banco

banca

el hospital

hospital

el hotel

hotel

la farmacia

farmàcia

la oficina

oficina

la librería

llibreria

la tienda de campaña

botiga

la floristería

floristeria

el supermercado

supermercat

el mercado

mercat

los grandes almacenes

gran magatzem

la pescadería

peixateria

el centro comercial

centre comercial

el puerto

port

el parque

parc

el banco

banc

el puente

pont

las escaleras

escala

el metro

metro

el túnel

túnel

la parada de autobús

parada d'autobús

el bar

bar

el restaurante

restaurant

el buzón

bústia de correu

el poste indicador

senyal indicador

el parquímetro

parquímetre

el zoo

zoo

la piscina

piscina

la mezquita

mesquita

la granja

granja

la contaminación

pol·lució

el cementerio

cementiri

la iglesia

església

el patio de juego

parc infantil

el templo

temple

el paisaje

paisatge

la hoja
fulla

la señal
cartell indicador

el camino
camí

el prado
prat

la piedra
pedra

el excursionista
excursionista

el árbol
arbre

el río
riu

la hierba
gespa

la flor
flor

el valle

vall

la colina

muntanya

el lago

llac

el bosque

bosc

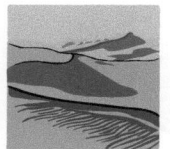

el desierto

desert

el volcán

volcà

el castillo

castell

el arcoíris

arc de Sant Martí

el champiñón

bolet

la palmera

palmera

el mosquito

moscard

la mosca

mosca

la hormiga

formiga

la abeja

abella

la araña

aranya

el escarabajo

escarabat

la rana

granota

la ardilla

esquirol

el erizo

eriçó

la liebre

llebre

la lechuza

òliba

el pájaro

ocell

el cisne

cigne

el jabalí

senglar

el ciervo

cervo

el alce

ant

la presa

presa

la turbina eólica

turbina

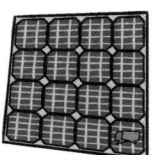

el panel solar

panell solar

el clima

clima

el restaurante
restaurant

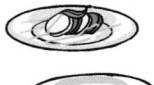

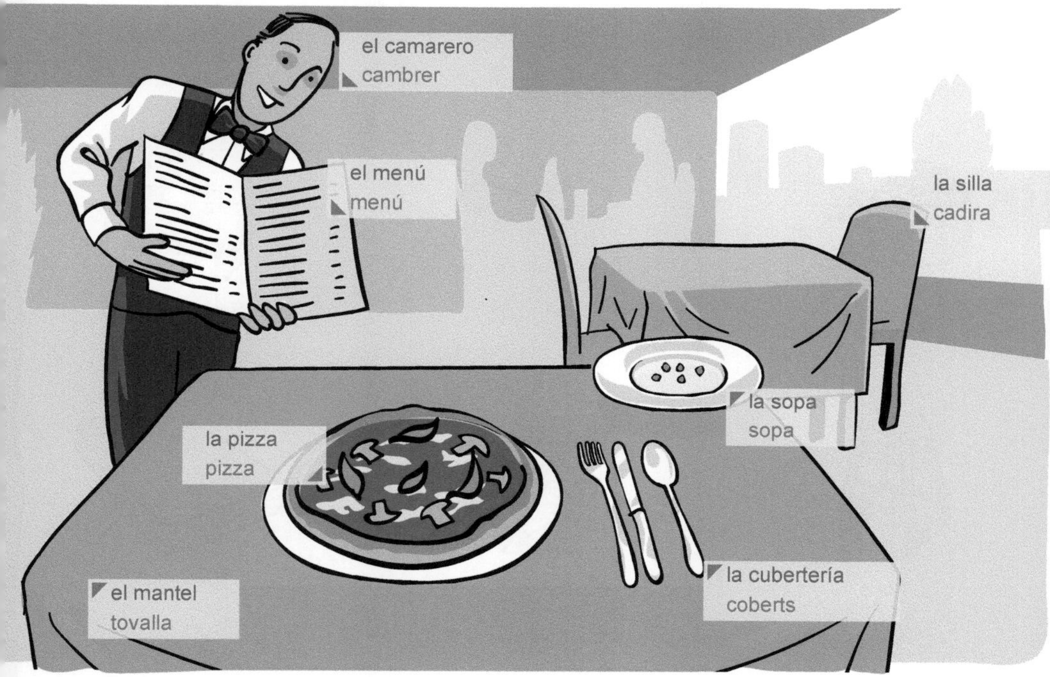
el camarero
cambrer
el menú
menú
la silla
cadira
la sopa
sopa
la pizza
pizza
la cubertería
coberts
el mantel
tovalla

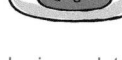

el primer plato

primer plat

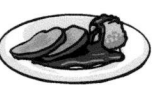

el plato principal

plat principal

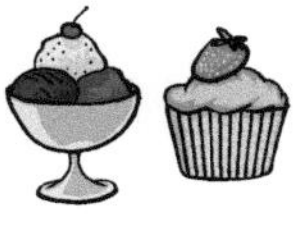

el postre

darreries

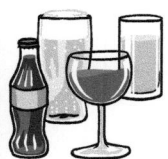

las bebidas

begudes

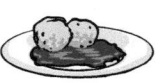

la comida

menjar

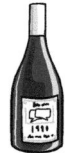

la botella

ampolla

la comida rápida

menjar ràpid

la comida callejera

menjar de carrer

la tetera

tetera

el azucarero

sucrer

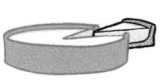

la porción

porció

la cafetera expreso

màquina d'espresso

la trona

trona

la cuenta

factura

la bandeja

plata

el cuchillo

ganivet

el tenedor

forqueta

la cuchara

cullera

la cucharilla

cullereta

la servilleta

tovalló

el vaso

got

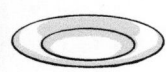

el plato

plat

el plato hondo

plat de sopa

el platillo

plateret

la salsa

salsa

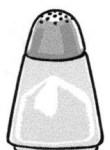

el salero

saler

el molinillo de pimienta

molinet de pebre

el vinagre

vinagre

el aceite

oli

las especias

espècies

el ketchup

quètxup

la mostaza

mostassa

la mayonesa

maionesa

el restaurante - restaurant

el supermercado
supermercat

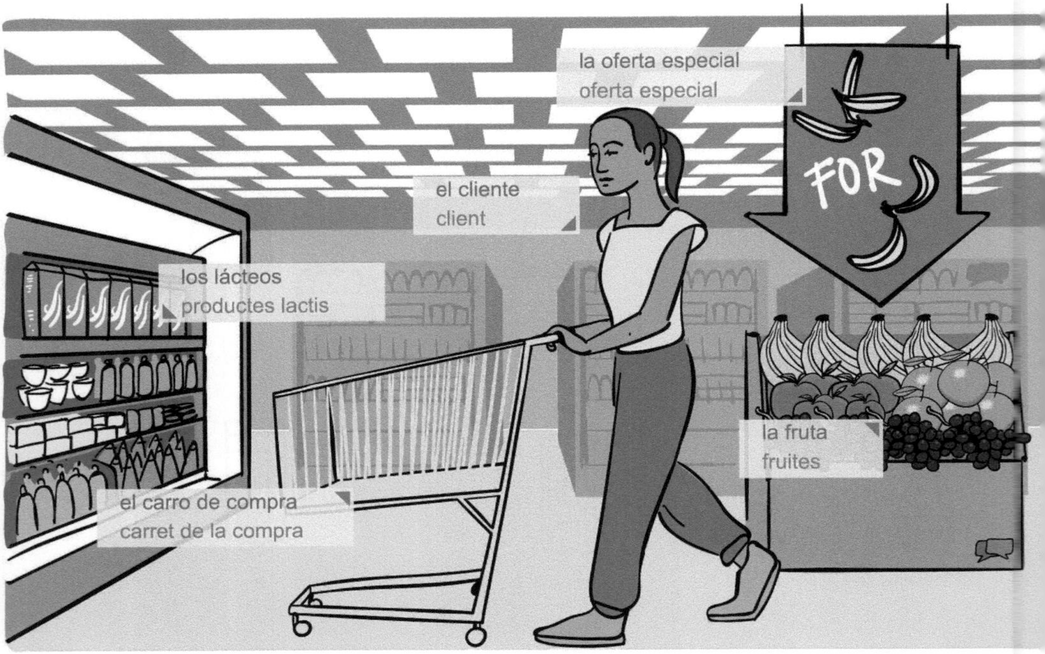

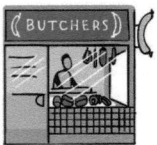

la oferta especial
oferta especial
FOR
el cliente
client
los lácteos
productes lactis
la fruta
fruites
el carro de compra
carret de la compra

BUTCHERS

la carniceria

carnisseria

BAKERY

la panadería

forn de pa

pesar

pesar

las verduras

verdures

la carne

carn

los alimentos congelados

menjar congelat

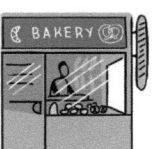

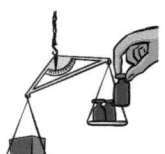

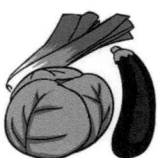

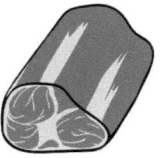

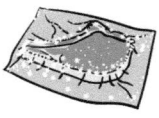

los fiambres

carn freda

las conservas

conserves

el detergente en polvo

detergent en pols

los dulces

dolços

productos de uso doméstico

articles domèstics

productos de limpieza

productes de neteja

la vendedora

venedora

la caja de cartón

caixa registradora

el cajero

caixera

la lista de la compra

llista de la compra

el horario de atención al público

horari d'obertura

la cartera

portamonedes

la tarjeta de crédito

carta de crèdit

la bolsa de plástico

bossa

la bolsa de plástico

bossa de plàstic

las bebidas
begudes

el agua

aigua

el zumo

suc

la leche

llet

la cola

coca-cola

el vino

vi

la cerveza

cervesa

el alcohol

alcohol

el cacao

cacau

el té

te

el café

cafè

el expreso

espresso

el capuchino

cappuccino

el plátano

banana

la manzana

poma

la naranja

taronja

el melón

síndria

el limón

llimona

la zanahoria

pastanaga

el ajo

all

el bambú

bambú

la cebolla

ceba

el champiñón

bolet

las avellanas

avellanes

los fideos

fideus

las espagueti

espaguetis

el arroz

arròs

la ensalada

amanida

las patatas fritas

patates fregides

las patatas fritas

patates fregides

la pizza

pizza

la hamburguesa

hamburguesa

el sándwich

entrepà

el filete

escalopa

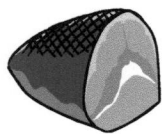

el jamón

cuixot

le salami

salami

la salchicha

salsitxa

el pollo

pollastre

el asado

rostit

el pescado

peix

los copos de avena

flocs de civada

el muesli

musli

los copos de maíz

cereals

la harina

farina

el cruasán

croissant

el panecillo

panet

el pan

pa

la tostada

torrada

las galletas

bescuits

la mantequilla

mantega

la cuajada

mató

el pastel

pastís

el huevo

ou

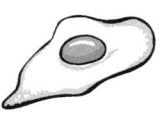

el huevo frito

ou fregit

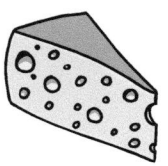

el queso

formatge

el helado

gelat

el azúcar

sucre

la miel

mel

la mermelada

melmelada

la crema de turrón

crema de xocolata

el curry

curri

la granja
granja

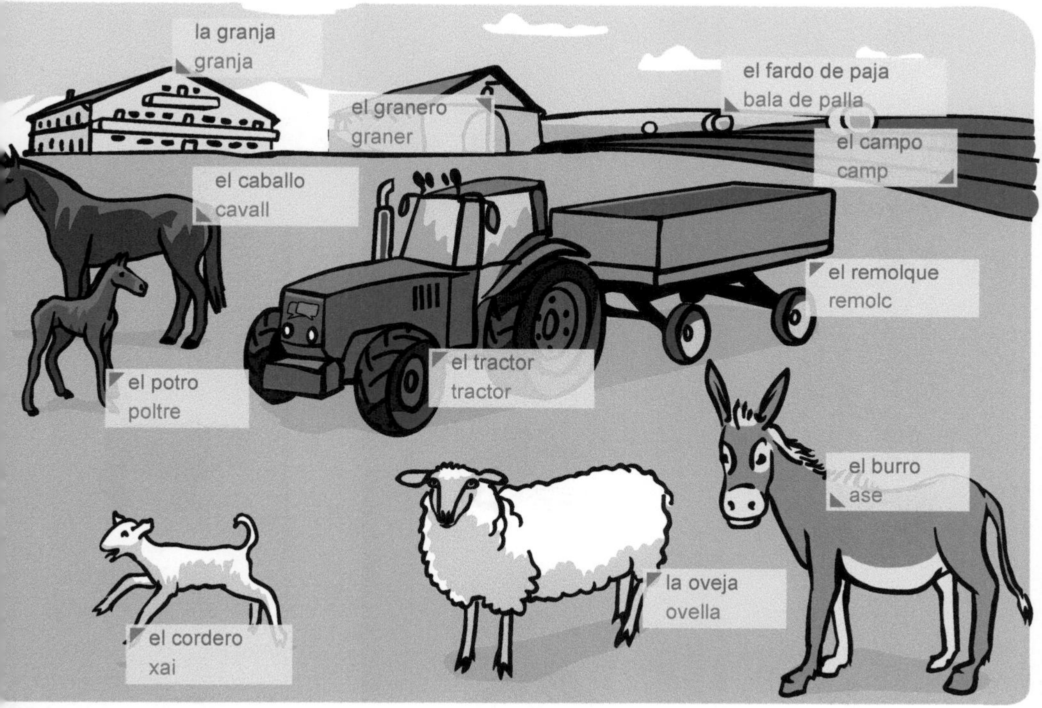

la granja
granja
el granero
graner
el fardo de paja
bala de palla
el campo
camp
el caballo
cavall
el remolque
remolc
el tractor
tractor
el potro
poltre
el burro
ase
la oveja
ovella
el cordero
xai

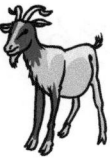

la cabra

cabra

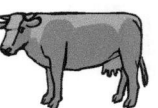

la vaca

vaca

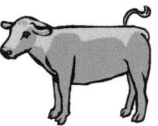

el ternero

vedella

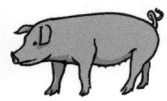

el cerdo

porc

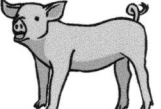

el cerdito

garrí

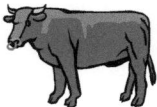

el toro

bou

el ganso
oca

el pato
ànec

el pollo
poll

la gallina
gall

el gallo
gallina

la rata
rata

el gato
gat

el ratón
ratolí

el buey
bou

el perro
gos

la perrera
gossera

la manguera
mànega de regar

la regadera
regadora

la guadaña
dalla

el arado
arada

la hoz

falç

la azada

aixada

la horca

forca

el hacha

destral

la carretilla

carretó

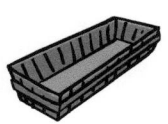

el abrevadero

abeurador

la lechera

lletera

el saco

sac

la valla

tanca

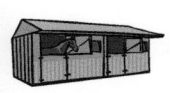

el establo

establa

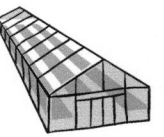

el invernadero

hivernacle

el suelo

sòl

la semilla

llavor

el fertilizador

adob

la cosechadora

collidora

cosechar

collir

la cosecha

collita

el ñame

nyam

el trigo

blat

el soja

soja

la patata

patata

el maíz

blat de moro o d'indi

la semilla de colza

colza

el árbol frutal

arbre fruiter

la mandioca

mandioca

las cereales

cereals

la casa
casa

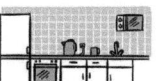

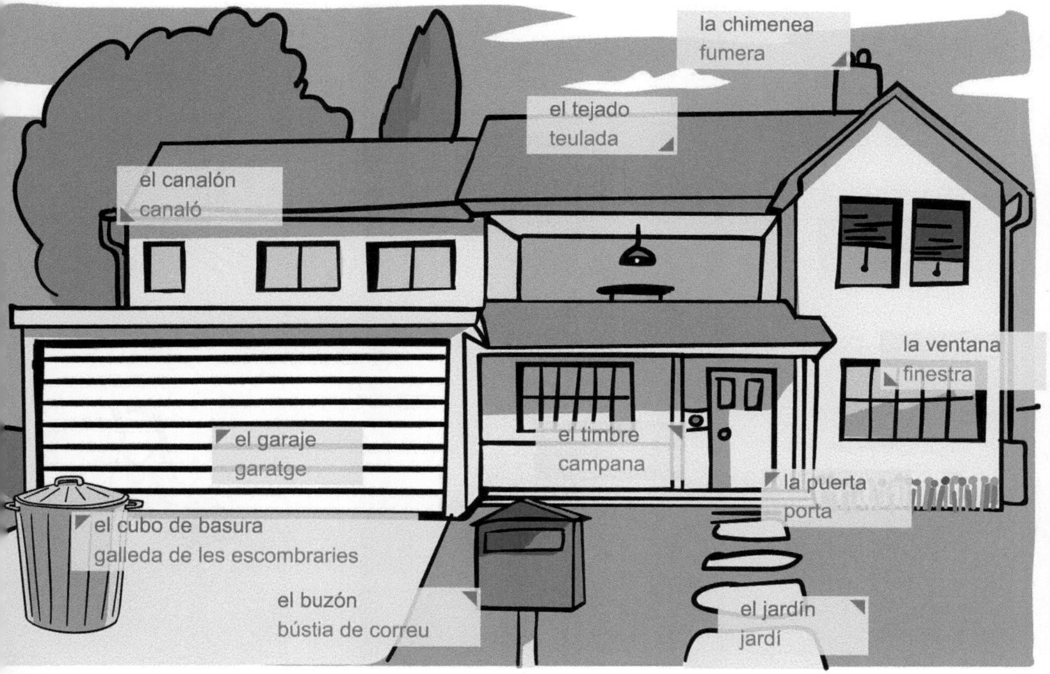

la chimenea
fumera
el tejado
teulada
el canalón
canaló
la ventana
finestra
el garaje
garatge
el timbre
campana
la puerta
porta
el cubo de basura
galleda de les escombraries
el buzón
bústia de correu
el jardín
jardí

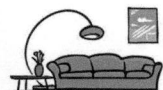

la sala
sala d'estar

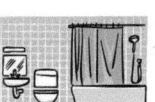

el cuarto de baño
bany

la cocina
cuina

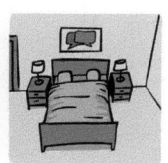

el dormitorio
cambra de dormir

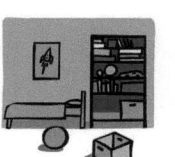

la habitación de los niños
cambra de nen

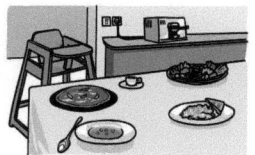

el comedor
menjador

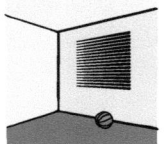

el suelo

sòl

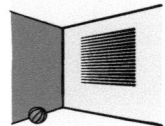

la pared

paret

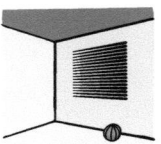

el techo

sostre

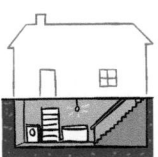

el sótano

soterrani

la sauna

sauna

el balcón

balcó

la terraza

terrassa

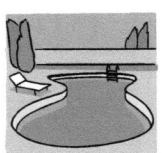

la piscina

piscina

el cortacésped

tallagespa

la sábana

vànova

la colcha

cobrellit

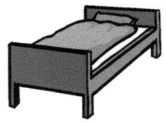

la cama

llit

la escoba

escombra

el balde

galleda

el interruptor

interruptor

la sala
sala d'estar

el papel pintado
paper de paret
la imagen
quadre
la lámpara
làmpada
el estante
prestatge
el armario
armari
la televisión
televisor
la chimenea
escalfapanxes
la flor
flor
el cojín
coixí
el sofá
sofà
el jarrón
gerro
el mando a distancia
telecomanda

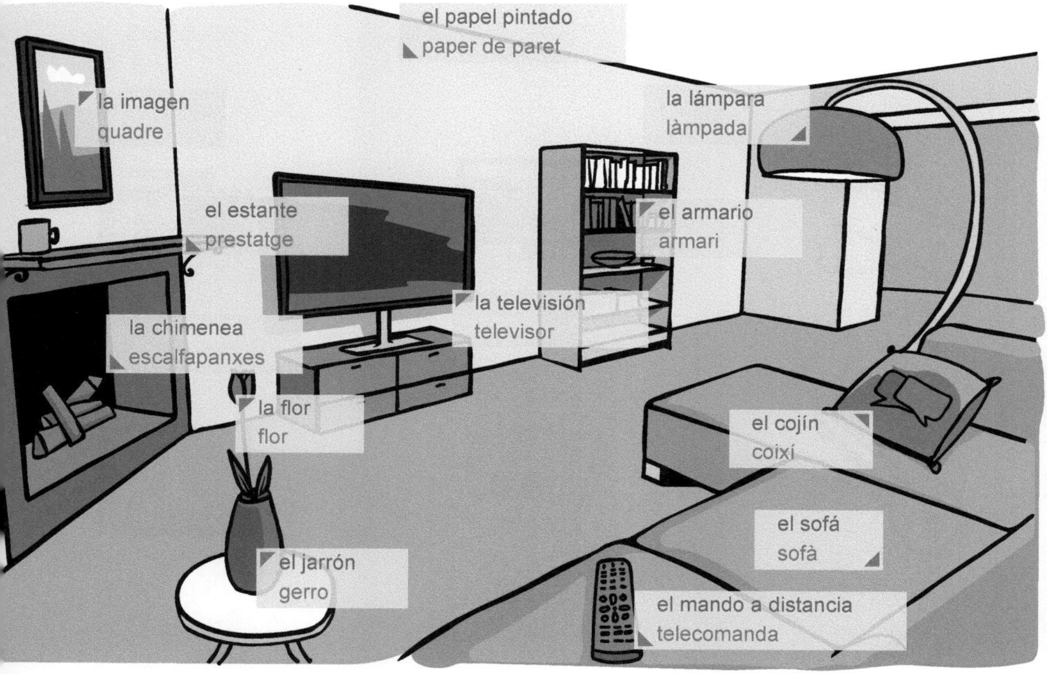

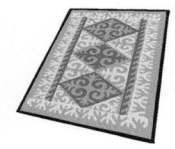

la alfombra
catifa

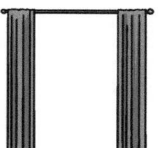

la cortina
cortina

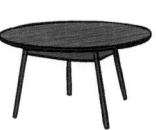

la mesa
taula

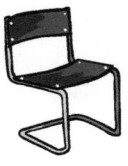

la silla
cadira

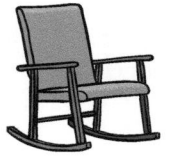

el mecedora
cadira gronxadora

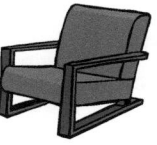

la butaca
cadiral

el libro
llibre

la manta
llençol

la decoración
decoració

la leña
llenya

la película
film

el equipo de música
cadena de música

la llave
clau

el periódico
diari

la pintura
pintura

el póster
cartell

la radio
ràdio

el cuaderno
bloc de notes

la aspiradora
aspiradora

el cactus
cactus

la vela
candela

la cocina
cuina

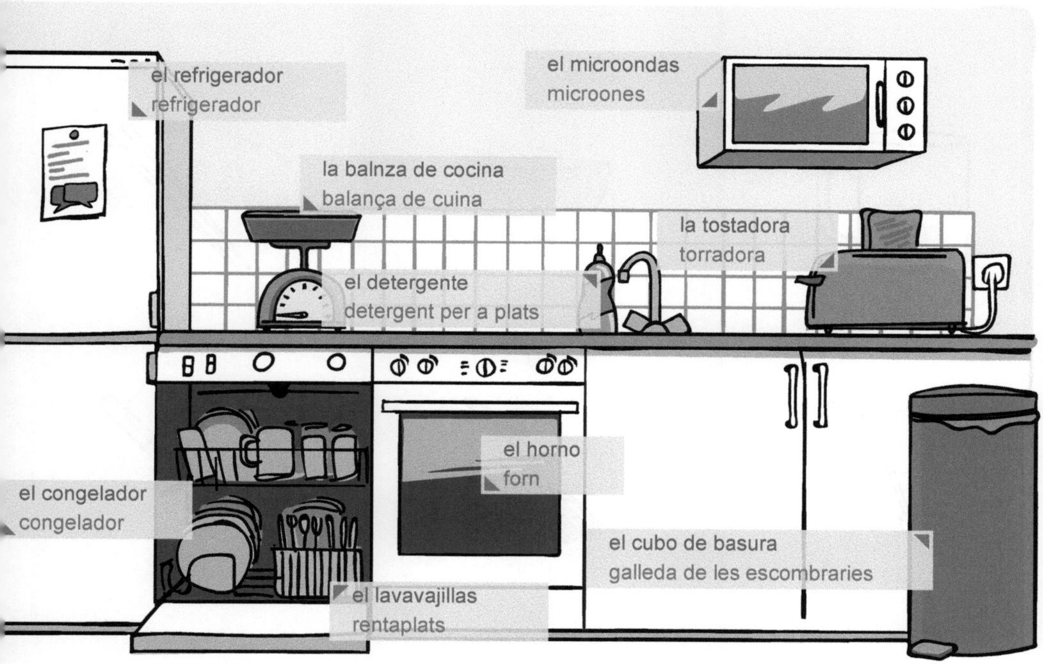

el refrigerador
refrigerador

el microondas
microones

la balnza de cocina
balança de cuina

la tostadora
torradora

el detergente
detergent per a plats

el horno
forn

el congelador
congelador

el cubo de basura
galleda de les escombraries

el lavavajillas
rentaplats

la olla a presión

cuina de fogons

la olla

olla

la olla de hierro fundido

olla de ferro colat

el wok

wok / karahi

la cazuela

paella

el hervidor

bullidor

la cocina - cuina

35

la vaporera

olla de vapor

la chapa de horno

plata de forn

la vajilla

vaixella

la taza

tassa grossa

el tazón

bol

los palillos

bastonets xinesos

el cucharón

culler

la espumadera

espàtula

el batidor

batedor

el colador

colador

el cedazo

sedàs

el rallador

ratllador

el mortero

morter

la barbacoa

barbacoa

la hoguera

foc a terra

la tabla de picar

taula de tallar

el rodillo

corró

el sacacorchos

llevataps

la lata

pot de conserva

el abrelatas

obridor

el agarrador

agafador

el lavabo

aigüera

el cepillo

raspall

la esponja

esponja

la batidora

batedora

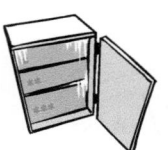

el congelador

congelador

el biberón

biberó

el grifo

aixeta

el cuarto de baño
bany

la ducha
dutxa

la calefacción
calefacció

la toalla
tovallola

la cortina de la ducha
cortina de dutxa

el baño de espuma
bany de bombolles

la bañera
banyera

el vaso
got

la lavadora
rentadora

las baldosas
rajoles

el grifo
aixeta

el orinal
orinal

el lavabo
aigüera

el inodoro

lavabo

el inodoro rústico

lavabo turc

el bidé

bidet

el urinario

orinador

el papel higiénico

paper higiènic

la escobilla del váter

escombreta de sanitari

el cepillo de dientes

raspall de dents

la pasta de dientes

pasta de dents

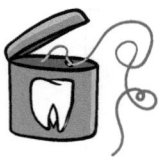

el hilo dental

fil dental

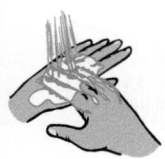

lavar

rentar

la ducha de mano

pom de dutxa

la ducha íntima

dutxa íntima

la pila

rentamans

el cepillo de espalda

raspall per a l'esquena

el jabón

sabó

el gel de ducha

gel de dutxa

el champú

xampú

la toallita

manyopla de bany

el desagüe

bonera

la crema

crema

el desodorante

desodorant

el espejo

mirall

el espejo de tocador

mirall-espill de mà

la maquinilla de afeitar

maquineta de rasar

la espuma de afeitar

espuma de barbejar

la loción postafeitado

loció post-rasada

el peine

pinta

el cepillo

raspall

el secador

eixugador

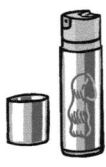

la laca

laca

el maquillaje

maquillatge

el pintalabios

pintallavis

el pintauñas

esmalt d'ungles

el algodón

cotó

el cortauñas

tallaungles

el perfume

perfum

el estuche de viaje

estoig de bellesa

la banqueta

tamboret

la balanza

bàscula

el albornoz

barnús

los guantes de goma

guants de goma

el tampón

compresa higiènica

la compresa

compresa

el inodoro químico

sanitari químic

la habitación de los niños
cambra de nen

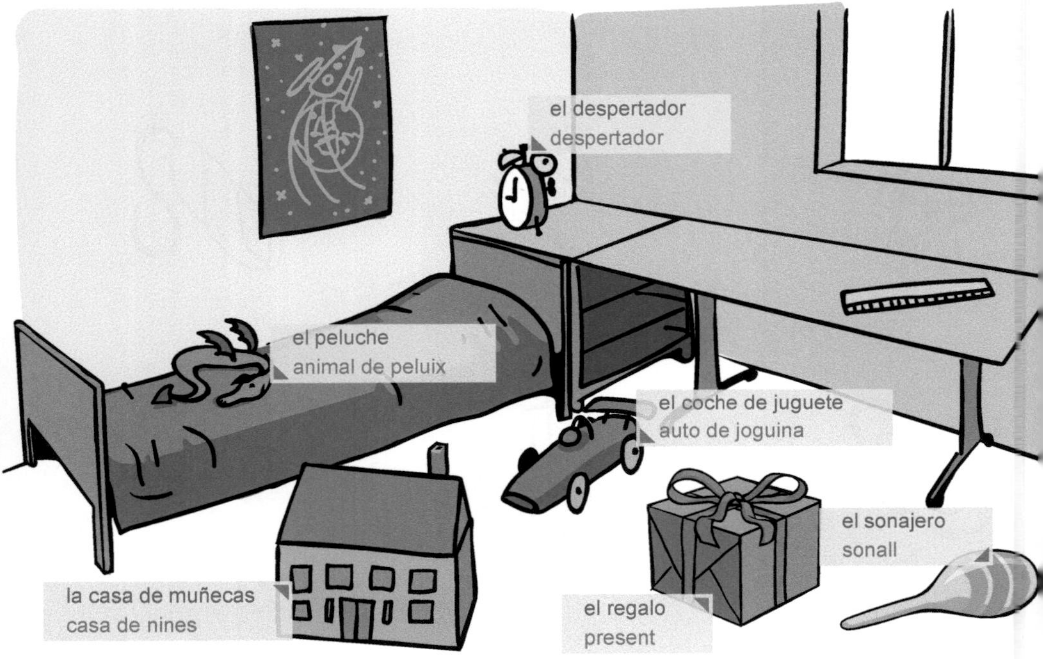

el despertador
despertador

el peluche
animal de peluix

el coche de juguete
auto de joguina

el sonajero
sonall

la casa de muñecas
casa de nines

el regalo
present

el globo
baló

la cama
llit

el coche de niño
cotxet per a nens

los naipes
joc de cartes

el puzle
trencaclosca

el tebeo
historieta

las piezas de lego

peces de lego

los bloques de juguete

peces de construcció

la figura de acción

ninot d'acció

el bodi (de bebé)

granota

el frisbee

frisbee

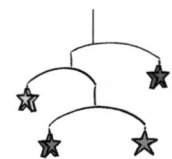

el colgador móvil para bebés

mòbil per a bressol

el juego de mesa

joc de taula

los dados

daus

el circuito de tren eléctrico

tren elèctric

el maniquí

xumet

la fiesta

festa

el álbum de fotos

llibre de dibuixos

la pelota

pilota

la muñeca

nina

jugar

jugar

el cajón de arena

sorrera

el columpio

gronxador

los juguetes

joguines

la videoconsola

consola de jocs de vídeo

el triciclo

tricicle

el oso de peluche

osset de peluix

la guardarropa

armari

la ropa
roba

los calcetines

mitjons

las medias

mitges

los leotardos

mitja pantaló

la bufanda
tapacoll

el cinturón
cintura

el paraguas
paraigua

la camiseta
camiseta

las botas
botes

las zapatillas
plantofes

las deportivas
sabates d'esport

las sandalias

sandàlies

los zapatos

sabates

las botas de goma

botes de goma

el slip

calçonets

el sostén

sostenidor

el chaleco

guardapits

el bodi

jjustacòs

los pantalones cortos

pantalons

los vaqueros

jeans

la falda

faldeta

la blusa

brusa

la camisa

camisa

el jersey

jersei

el suéter

dessuadora

el blazer

blazer

la chaqueta

jaqueta

el abrigo

mantell

la gabardina

impermeable

el traje

vestit de dona

el vestido

vestit de dona

el vestido de novia

vestit de núvia

el traje

vestit d'home

el camisón

camisa de dormir

el pijama

pijama

el sati

sari

el bandana

mocador de cap

el turbante

turbant

la burka

burca

el caftán

caftan

la abaya

abaia

el traje de baño

vestit de bany

el bañador

calçon(et)s de bany

los pantalones cortos

pantalons curts

el chándal

xandall

el delantal

davantal

los guantes

guants

el botón

botó

las gafas

ulleres

el brazalete

braçalet

el collar

collaret

el anillo

anell

el pendiente

orellera

la gorra

casquet

la percha

penjador

el sombrero

capell

la corbata

corbata

la cremallera

cremallera

el casco

casc

los tirantes

elàstics

el uniforme

uniforme escolar

el uniforme

uniforme

la ropa - roba

el babero

pitet

el maniquí

xumet

el pañal

bolquer

la oficina

oficina

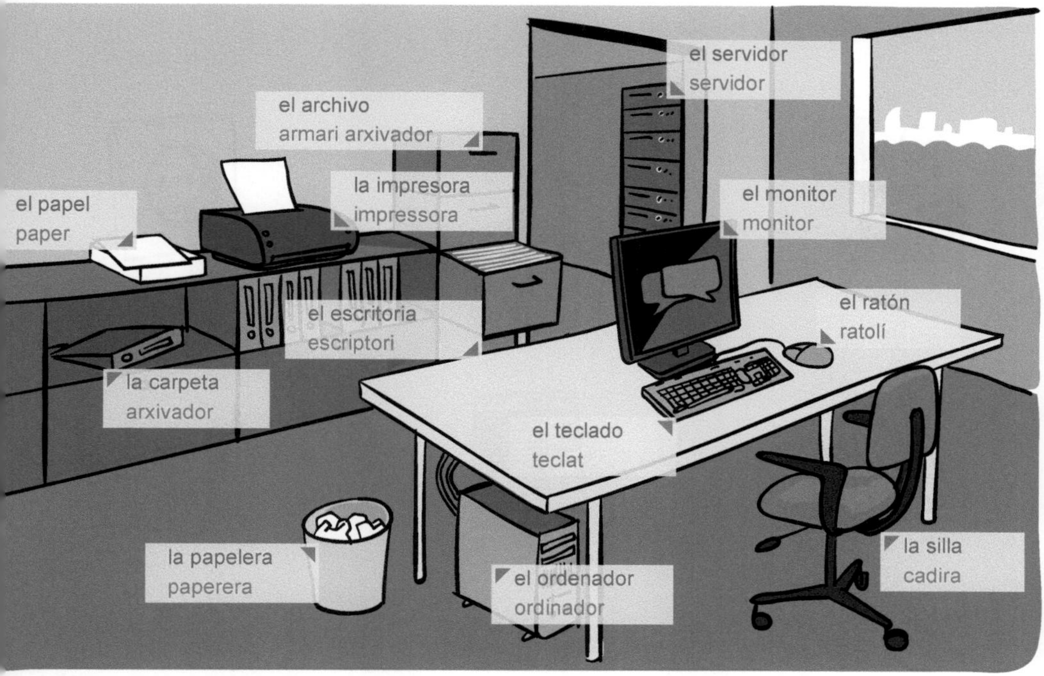

el servidor
servidor

el archivo
armari arxivador

la impresora
impressora

el monitor
monitor

el papel
paper

el escritoria
escriptori

el ratón
ratolí

la carpeta
arxivador

el teclado
teclat

la papelera
paperera

el ordenador
ordinador

la silla
cadira

la taza de café

tassa de cafè

la calculadora

calculadora

el internet

Internet

el portátil

ordinador portàtil

la carta

lletra

el mensaje

missatge

el móvil

mòbil

la red

xarxa

la fotocopiadora

fotocopiadora

el software

programari

el teléfono

telèfon

la toma de corriente

presa de corrent

el fax

fax

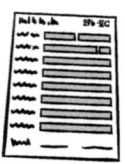

el formulario

formulari

el documento

document

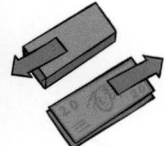

comprar

comprar

pagar

pagar

comerciar

comerciar

el dinero

diners

 USD

el dólar

dòlar

 EUR

el euro

euro

 JPY

el yen

ien

 RUB

el rublo

ruble

 CHF

el franco suizo

franc suís

 CNY

el renminbi yuan

renminbi

 INR

la rupia

rupia

el cajero automático

caixa automàtica

la oficina de cambio de divisas
oficina de canvi

el oro
or

la plata
argent

el petróleo
petroli

la energía
energia

el precio
preu

el contrato
contracte

el impuesto
impost

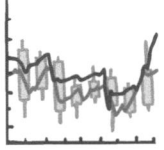

la acción
acció

trabajar
treballar

el empleador
treballador

el empleador
empresari

la fábrica
fàbrica

la tienda de campaña
botiga

el agente de policía
oficial de policia

el bombero
bomber

el cocinero
cuiner

el médico
doctora

el piloto
pilot

el jardinero

jardiner

el carpintero

fuster

la costurera

costurera

el juez

jutge

el farmacéutico

química

el actor

actor

el conductor de autobús

conductor d'autobús

el taxista

taxista

el pescador

pescador

la señora de la limpieza

dona de la neteja

el techador

ensostrador

el camarero

cambrer

el cazador

caçador

el pintor

pintor

el panadero

forner

el electricista

electricista

el obrero

obrer de la construcció

el ingeniero

enginyer

el carnicero

carnisser

el fontanero

llanterner

el cartero

correu

el soldado

soldat

el arquitecto

arquitecte

el cajero

caixera

el florista

florista

el peluquero

perruquer

el revisor

revisor

el mecánico

mecànic

el capitán

capità

el dentista

dentista

el científico

científic

el rabino

rabí

el imán

imam

el monje

monjo

el sacerdote

capellà

las herramientas
eines

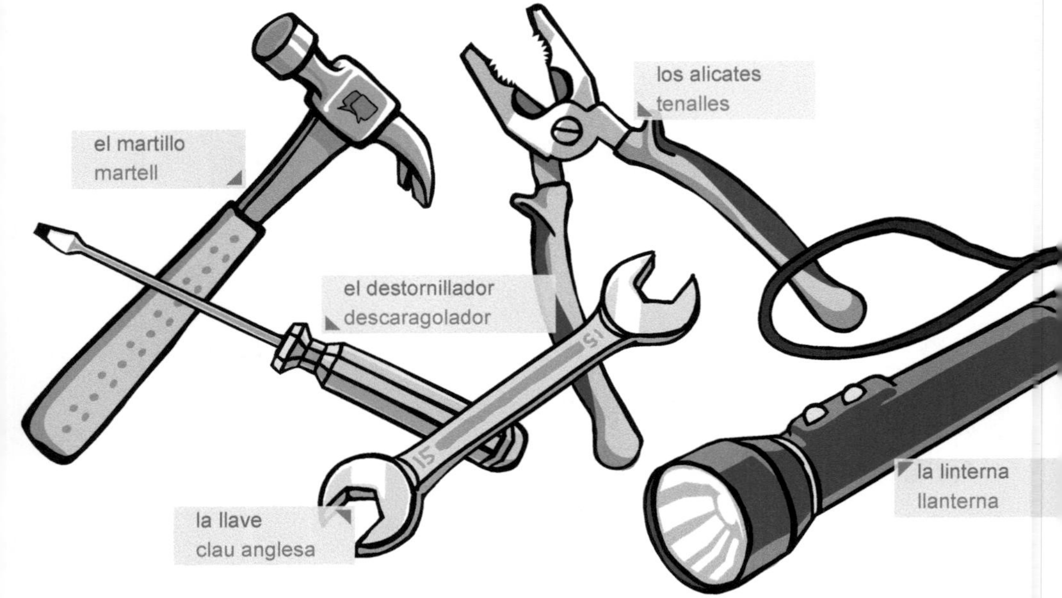

los alicates
tenalles
el martillo
martell
el destornillador
descaragolador
la linterna
llanterna
la llave
clau anglesa

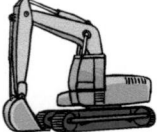

la excavadora

excavadora

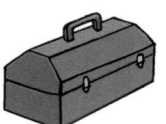

la caja de herramientas

caixa d'eines

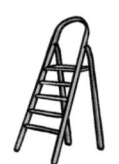

la escalera de mano

escala

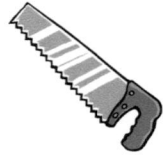

la sierra

serra

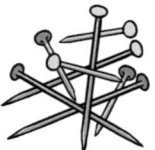

los clavos

claus

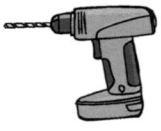

el taladro

trepant

reparar

reparar

la pala

pala

¡Maldita sea!

Maleït siga!

el recogedor

pala

el bote de pintura

pot de pintura

los tornillos

caragols

los instrumentos musicales
instrument de música

la batería
bateria

el altavoz
altaveu

la guitarra
guitarra

el contrabajo
contrabaix

la trompeta
trompeta

los instrumentos musicales - instrument de música   57

el piano

piano

el violín

violí

bajo

baix

los timbales

timbal

el tambor

tambor

el teclado

teclat

el saxofón

saxofon

la flauta

flauta

el micrófono

micròfon

el zoo

zoo

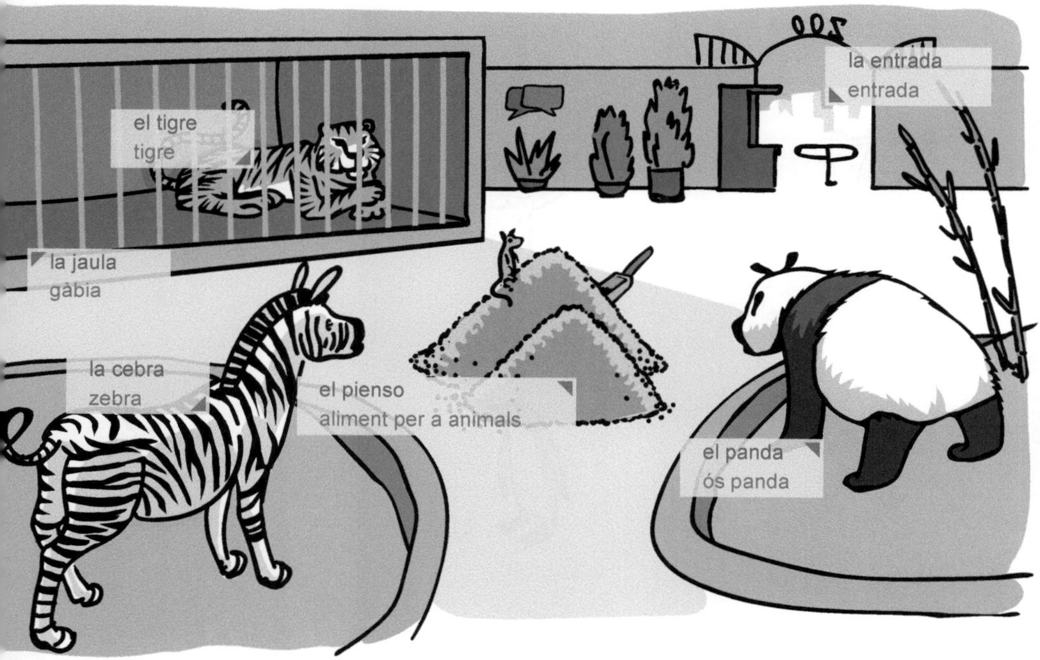

el tigre
tigre
la entrada
entrada
la jaula
gàbia
la cebra
zebra
el pienso
aliment per a animals
el panda
ós panda

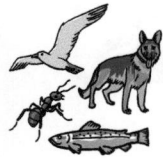

los animales

animals

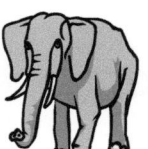

el elefante

elefant

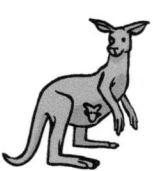

el canguro

cangurú

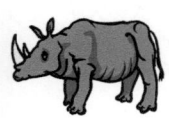

el rinoceronte

rinoceront

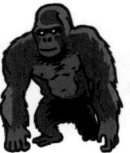

el gorila

goril·la

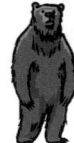

el oso

ós

el camello

camell

el avestruz

estruç

el león

lleó

el mono

simi

el flamingo

flamenc

el loro

papagai

el oso polar

ós polar

el pingüino

pingüí

el tiburón

ca mari

el pavo real

paó

la serpiente

serp

el cocodrilo

cocodril

el guardián de zoológico

guardià del zoo

la foca

foca

el jaguar

jaguar

el poni

poni

el leopardo

lleopard

el hipopótamo

hipopòtam

la jirafa

girafa

el águila

àliga

el jabalí

senglar

el pescado

peix

la tortuga

tortuga

la morsa

morsa

el zorro

guineu

la gacela

gasela

los deportes

esports

el fútbol americano
futbol americà

el ciclismo
ciclisme

el tenis
tenis

el baloncesto
bàsquet

la natación
natació

el boxeo
boxa

el hockey sobre hielo
hoquei sobre gel

el fútbol

futbol americà

el bádminton

bàdminton

el atletismo

atletisme

el balonmano

handbol

el esquí

esquí

el polo

polo

saltar
saltar

reír
riure

abrazar
abraçar

caminar
anar

cantar
cantar

soñar
somiar

rezar
pregar

besar
fer un petó

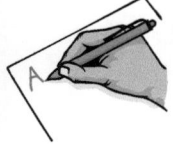

escribir
escriure

dibujar
dibuixar

mostrar
mostrar

empujar
pitjar

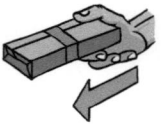

dar
donar

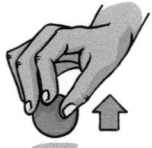

tomar
prendre

tener

tenir

hacer

fer

ser

ésser

estar de pie

estar dret

correr

córrer

tirar

estirar

tirar

llançar

caer

caure

yacer

jeure

esperar

esperar

llevar

portar

estar sentado

asseure's

vestirse

vestir-se

dormir

dormir

despertar

despertar-se

mirar
mirar

llorar
plorar

acariciar
amoixar

peinar
pentinar

hablar
parlar

entender
comprendre

preguntar
demanar

escuchar
escoltar

beber
beure

comer
menjar

ordenar
endreçar

amar
estimar

cocinar
cuinar

conducir
conduir

volar
volar

navegar

navegar

calcular

calcular

leer

llegir

aprender

aprendre

trabajar

treballar

casarse

casar-se

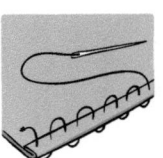

coser

cosir

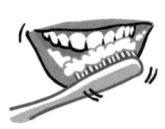

cepillarse los dientes

raspallar-se les dents

matar

matar

fumar

fumar

enviar

enviar

la familia
família

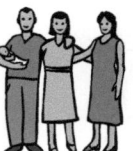

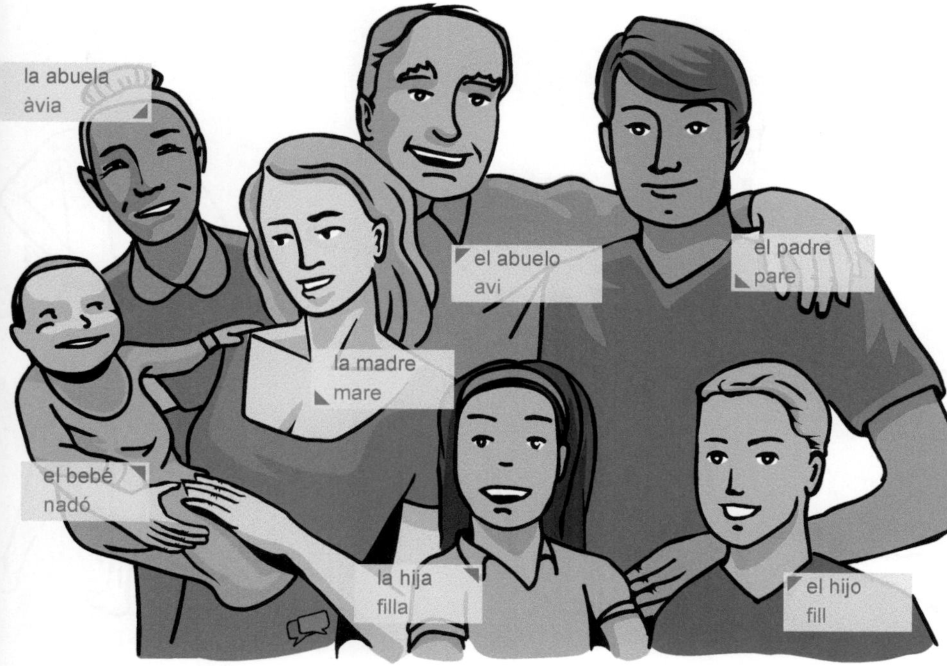

la abuela
àvia
el abuelo
avi
el padre
pare
la madre
mare
el bebé
nadó
la hija
filla
el hijo
fill

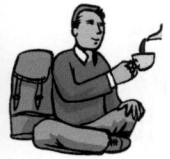

el invitado

convidat

la tía

tia

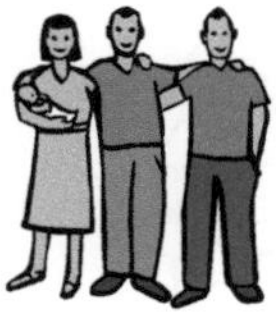

el tío

oncle

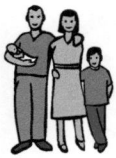

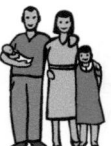

el hermano

germà

la hermana

germana

el cuerpo
cos

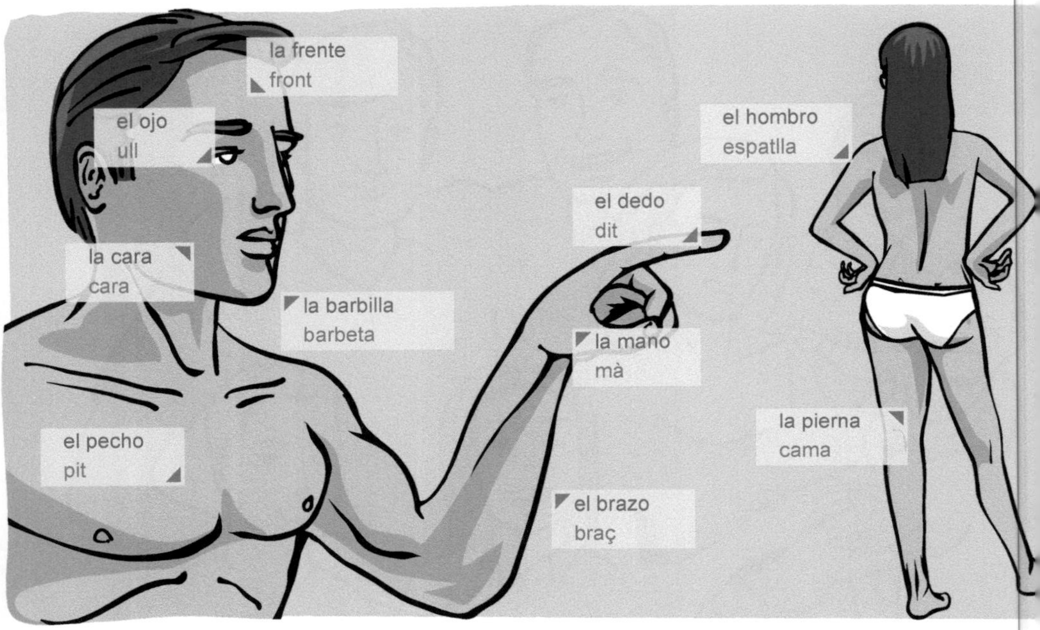

la frente
front

el ojo
ull

la cara
cara

la barbilla
barbeta

el pecho
pit

el hombro
espatlla

el dedo
dit

la mano
mà

la pierna
cama

el brazo
braç

el bebé
nadó

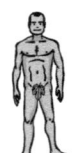

el hombre
home

la mujer
dona

la chica
noia

el chico
noi

la cabeza
cap

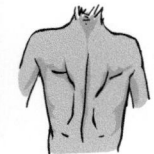

la espalda

esquena

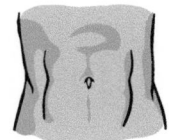

el vientre

panxa

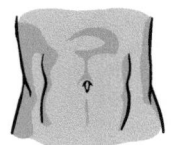

el ombligo

melic

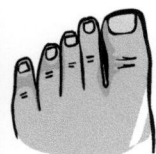

el dedo del pie

dit gros del peu

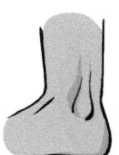

el talón

taló

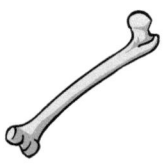

el hueso

os

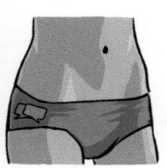

la cadera

maluc

la rodilla

genoll

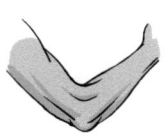

el codo

colze

la nariz

nas

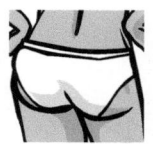

el trasero

cul

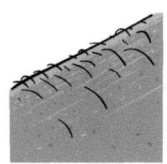

la piel

pell

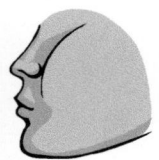

la mejilla

galta

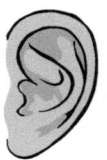

el oído

orella

el labio

llavi

la boca

boca

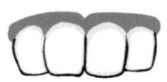

el diente

dent

la lengua

llengua

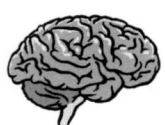

el cerebro

cervell

el corazón

cor

el músculo

múscul

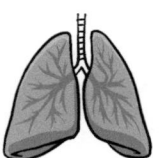

el pulmón

pulmó

el hígado

fetge

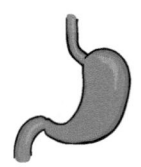

el estómago

estómac

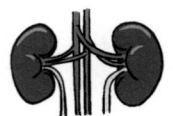

los riñones

ronyó

el sexo

relació sexual

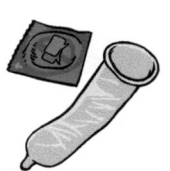

el condón

preservatiu

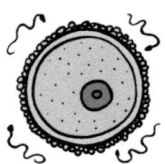

el ovario

ovari

el semen

semen

el embarazo

prenyat

70 el cuerpo - cos

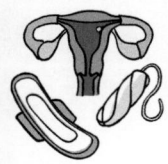

la menstruación

menstruació

la vagina

vagina

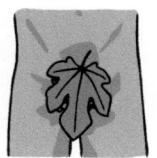

el pene

penis

la ceja

cella

el pelo

cabells

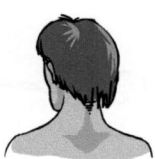

el cuello

coll

el hospital
hospital

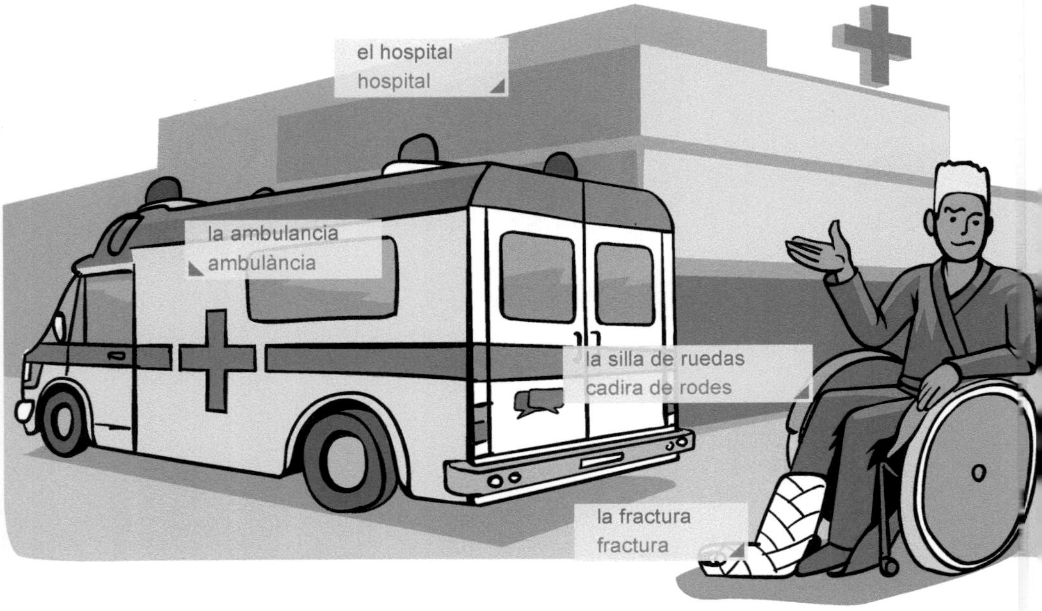

el hospital
hospital

la ambulancia
ambulància

la silla de ruedas
cadira de rodes

la fractura
fractura

el médico
doctora

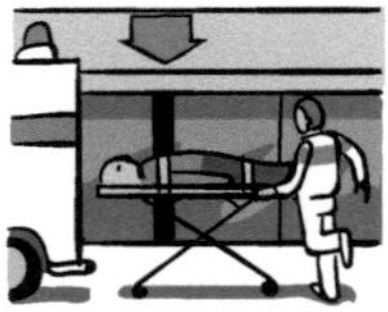

la sala de urgencias
sala d'urgències

la enfermera
infermera

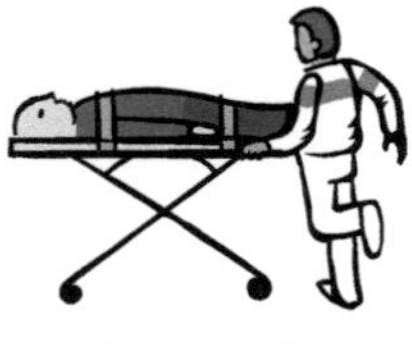

la urgencia
urgència

inconsciente
inconscient

el dolor
dolor

la lesión

ferida

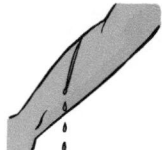

la hemorragia

sagnament

el infarto

atac de cor

el ictus

apoplexia

la alergia

al·lèrgia

la tos

tos

la fiebre

febre

la gripe

gripa

la diarrea

diarrea

el dolor de cabeza

mal de cap

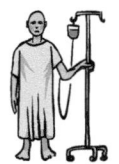

el cáncer

càncer

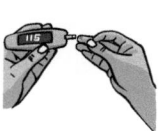

la diabetes

diabetis

el cirujano

cirurgià

el bisturí

escalpel

la operación

operació

TAC

tomografia computada (TC), TAC

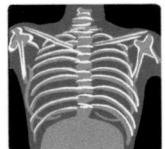

los rayos x

raigs x

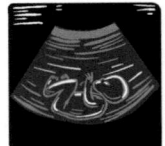

el ultrasonido

ultrasò

la mascarilla

mascareta

la enfermedad

malaltia

la sala de espera

sala d'espera

la muleta

crossa

la tirita

tireta

la venda

embenat

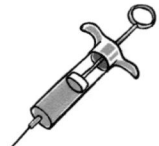

la inyección

injecció

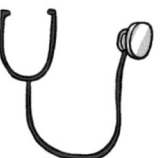

el estetoscopio

estetoscopi

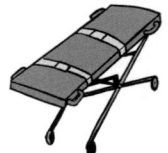

la camilla

llitera

el termómetro

termòmetre clínic

el nacimiento

pariment

el sobrepeso

sobrepès

el audífono

aparell auditiu

el desinfectante

desinfectant

la infección

infecció

el virus

virus

VIH / SIDA

VIH / SIDA

la medicina

medicina

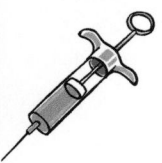

la vacunación

vaccí

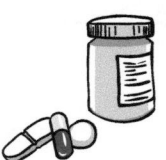

las tabletas

comprimits

la pastilla

píl·lola

la llamada de urgencia

trucada d'urgència

el tensiómetro

tensiòmetre

enfermo / sano

malalt / sà

¡Socorro!

Socors!

la alarma

alarma

el asalto

assalt

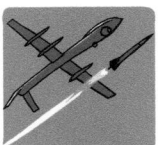

el ataque

atac

el peligro

perill

la salida de emergencia

sortida-eixida d'urgència

¡Fuego!

Foc!

el extintor de incendios

extintor

el accidente

accident

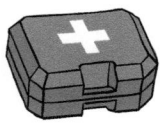

el botiquín de primeros auxilios

farmaciola de primers auxilis

SOS

SOS

la policía

policia

Europa

Europa

Norteamérica

Amèrica del Nord

Sudamérica

Amèrica del Sud

África

Àfrica

Asia

Àsia

Australia

Austràlia

el atlántico

Atlàntic

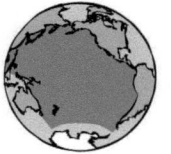

el Pacífico

Pacífic

el Océano Índico

Oceà Índic

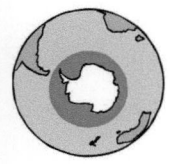

el Océano Antártico

Oceà Antàrtic

el Océano Ártico

Oceà Àrtic

el polo norte

pol nord

el polo sur

pol sud

La Antártida

Antàrtida

la tierra

terra

la tierra

país

el mar

mar

la isla

illa

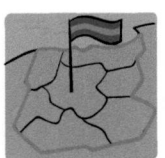

la nación

nació

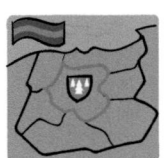

el estado

estat

la esfera

quadrant

la manecilla de las horas

agulla de les hores

el minutero

agulla dels minuts

el segundero

agulla dels segons

¿Qué hora es?

Quina hora és?

el día

dia

el tiempo

temps

ahora

ara

el reloj digital

rellotge digital

el minuto

minut

la hora

hora

la semana

setmana

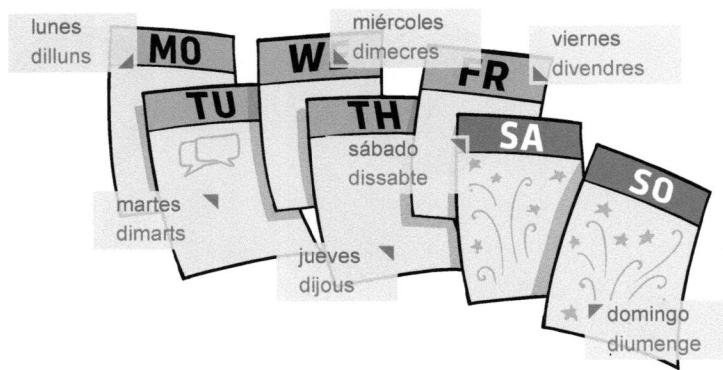

lunes / dilluns
martes / dimarts
miércoles / dimecres
jueves / dijous
viernes / divendres
sábado / dissabte
domingo / diumenge

ayer

ahir

hoy

avui

mañana

demà

la mañana

matí

el mediodía

migdia

la tarde

tarda

los días laborables

dia feiner

el fin de semana

cap de setmana

el año

any

la lluvia
pluja
el arcoíris
arc de Sant Martí
la nieve
neu
el viento
vent
la primavera
primavera
el otoño
tardor
el verano
estiu
el invierno
hivern

4.APRIL 11°
5.APRIL 4°
6.APRIL 13°
7.APRIL 8°
8.APRIL 10°

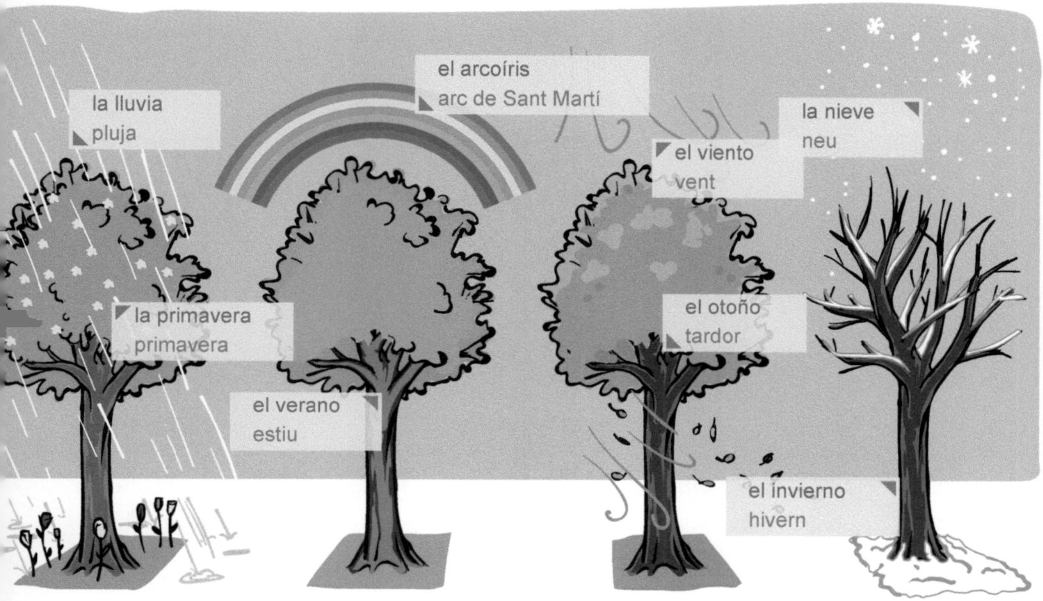

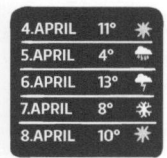

el pronóstico del tiempo

pronòstic del temps

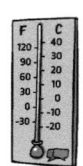

el termómetro

termòmetre

el sol

llum del sol

la nube

núvol

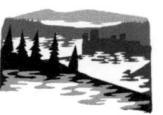

la niebla

boira

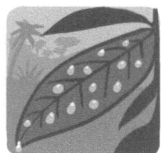

la humedad

humiditat de l'aire

el rayo

llamp

el trueno

tro

la tormenta

tempesta

el granizo

calamarsa

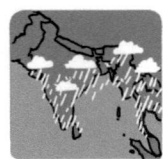

el monzón

monsó

la inundación

inundació

el hielo

gel

enero

gener

febrero

febrer

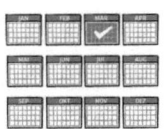

marzo

març

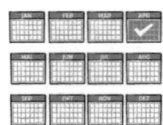

abril

abril

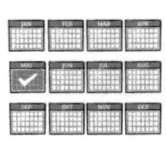

mayo

maig

junio

juny

julio

juliol

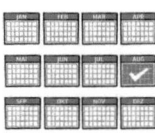

agosto

agost

el año - any

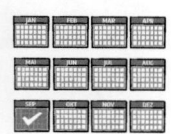

septiembre

setembre

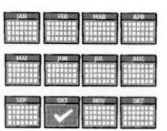

octubre

octubre

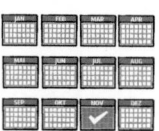

noviembre

novembre

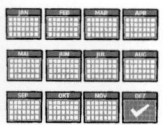

diciembre

desembre

las formas
formes

el círculo

cercle

el cuadrado

quadrat

el rectángulo

rectangle

el triángulo

triangle

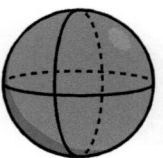

la esfera

esfera

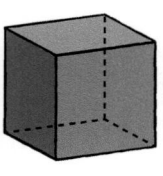

el cubo

cub

colores
colors

blanco

blanc

amarillo

groc

anaranjado

taronja

rosa

rosa

rojo

vermell

morado

lila

azul

blau

verde

verd

marrón

marró

gris

gris

negro

negre

mucho / poco

molt / poc

enojado / tranquilo

emprenyat / tranquil

bonito / feo

bonic / lleig

principio / fin

començament / fi

grande / pequeño

gran / petit

claro / oscuro

clar / fosc

el hermano / la hermana

germà / germana

limpio / sucio

net / brut

completo / incompleto

complet / incomplet

el día / la noche

dia / nit

muerto / vivo

mort / viu

ancho / estrecho

ample / estret

comestible / no comestible

comestible / immenjable

malo / amable

dolent / amable

entusiasmado / aburrido

entusiasmat / entediat

gordo / delgado

gros / prim

primero / último

primer / darrer

el amigo / el enemigo

amic / enemic

lleno / vacío

ple / buit

duro / blando

dur / tou

pesado / ligero

pesant / lleuger

el hambre / la sed

gana / set

enfermo / sano

malalt / sà

ilegal / legal

il·legal / legal

inteligente / tonto

intel·ligent / ximple

izquierda / derecha

esquerra / dreta

cerca / lejos

prop / llunyà

nuevo / usado

nou / usat

nada / algo

res / quelcom

viejo / joven

vell / jove

encendido / apagado

encès / apagat

abierto / cerrado

obert / tancat

silencioso / ruidoso

silenciós / sorollós

rico / pobre

ric / pobre

correcto / incorrecto

correcte / incorrecte

áspero / suave

aspre / suau

triste / contento

trist / content

corto / largo

curt / llarg

lento / rápido

lent / ràpid

húmedo / seco

humit / sec - eixut

cálido / frío

calent / fred

guerra / paz

guerra / pau

los números
nombres

0

cero

zero

1

uno

u

2

dos

dos

3

tres

tres

4

cuatro

quatre

5

cinco

cinc

6

seis

sis

7

siete

set

8

ocho

vuit

9

nueve

nou

10

diez

deu

11

once

onze

12
doce
dotze

13
trece
tretze

14
catorce
catorze

15
quince
quinze

16
dieciséis
setze

17
diecisiete
disset

18
dieciocho
divuit

19
diecinueve
dinou

20
veinte
vint

100
cien
cent

1.000
mil
mil

1.000.000
el millón
milió

los idiomas
llengües

el inglés

anglès

el inglés americano

anglès americà

el chino madarín

xinès mandarí

el hindi

hindi

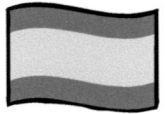

el español

espanyol

el francés

francès

el árabe

àrab

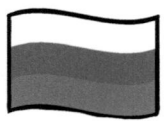

el ruso

rus

el portugués

portuguès

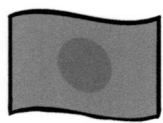

el bengalí

bengalí

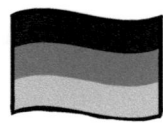

el alemán

alemany

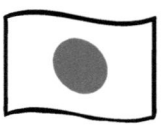

el japonés

japonès

yo

jo

tú

tu

él / ella / ello

ell / ella / allò

nosotros/as

nosaltres

vosotros/as

vosaltres

ellos/as

ells

¿quién?

qui?

¿qué?

què?

¿cómo?

com?

¿dónde?

on?

¿cuándo?

quan?

HELLO, I AM

el nombre

nom

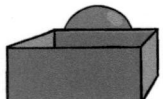

detrás

darrere

en

en

delante de

davant de

por encima de

damunt

sobre

sobre

debajo de

sota

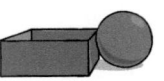

junto a

al costat

entre

entre

el lugar

lloc